Bônus:
Tema
Premium
Grátis

WORDPRESS EM 10 DIAS

Aprenda a construir um tema profissional sem saber PHP

P. A. Gabriel

ISBN: 978-1-7774385-1-7

Primeira Edição 2021

Publicado por Tech Stuff House, um selo de Virgo Publishers. contato@virgopublishers.com

Para entrar em contato com o autor deste livro, envie um e-mail para autores@virgopublishers.com.

CONTEÚDO

INTRODUÇÃO

A plataforma WordPress é atualmente responsável por mais de 30% de todos os sites ativos na internet. Com um mercado tão amplo, a demanda por profissionais capazes de customizar, fazer manutenção e criar temas do zero é muito alta. Aqueles que já trabalham com a construção de websites, mas ainda não se aventuraram nesta área, estão perdendo muitas oportunidades de trabalho. E é para estas pessoas que este livro é destinado.

Com uma abordagem direta no estilo passo a passo, você poderá começar a construir um tema logo na primeira hora de leitura, bastando seguir todas as instruções fornecidas. E o melhor de tudo é que não é necessário conhecimento em PHP, porque a estrutura de um tema WordPress é feita em HTML. A parte em PHP fica por conta das funções que trazem toda a dinâmica do tema, mas é perfeitamente possível utilizá-las sem o conhecimento da linguagem em si. Garanto que é mais fácil do que aplicar uma fórmula matemática do ensino médio.

Para acelerar ainda mais a curva de aprendizado, o tema que será desenvolvido ao longo deste livro e que é de minha autoria, está disponível para download para que você possa analisar e até mesmo reutilizar o código em seus projetos.

Nunca foi tão fácil aprender a trabalhar com WordPress como agora. Leia todos os tópicos aqui apresentados e suba alguns degraus na sua carreira de desenvolvedor.

Ao terminar a leitura deste livro, você será capaz de construir um tema como este:

CAPÍTULO 1

Método de Aprendizado

Neste livro, você aprenderá a construir um tema profissional de WP através de blocos de códigos utilizados para construir o projeto, seguido de explicações relevantes sobre como o código funciona. Desta forma, a absorção de conhecimento é imediata sem a necessidade da leitura de textos teóricos. Os comentários serão feitos da forma mais direta e simples possível, sem se aprofundar muito nos conceitos individuais, pois o que mais importa é saber para que serve e como utilizar determinado pedaço de código.

Requisitos

Inevitavelmente é necessário conhecimento avançado em HTML e CSS para desenvolver um tema WP, pois estas duas linguagens serão usadas exaustivamente durante todo o projeto que visa eliminar a necessidade de saber PHP. Se você já tiver conhecimento em alguma linguagem de programação, como JavaScript ou Java, será bem fácil compreender o código PHP.

Ferramentas

Utilizaremos um editor de código gratuito chamado Brackets para criar nosso projeto do início ao fim. Para testar e visualizar o tema, usaremos o programa XAMPP, que é um servidor local de WP bastante prático para Windows, Linux e Mac.

Estrutura

Um tema WordPress é um conjunto de arquivos em formato PHP que podem conter códigos PHP, HTML e CSS. Geralmente, cada parte importante de um tema tem o seu próprio arquivo, de forma que se pode editar facilmente um aspecto específico do projeto, além de possibilitar a reutilização do código sem a necessidade de reescrevê-lo.

Considerações Importantes

Exemplos e edição de imagens não serão abordados neste livro, bem como o aspecto visual em geral não será explorado. O foco aqui será apenas no código. O profissional que cuida da identidade visual de qualquer aplicativo é o designer.

Também é importante dizer que este livro não é um curso de PHP, portanto, você precisará aprender a utilizar muito o Google para alcançar o objetivo desejado. Eu também não programo em PHP, somente em JavaScript, mas fui capaz de construir o tema exemplo deste livro de forma profissional e com características avançadas. Nenhum programador sabe executar tudo que necessita de forma imediata, mas é imprescindível saber encontrar respostas para nossos problemas nas diversas fontes disponíveis na internet.

Uso do Idioma Inglês

Não tem como fugir do inglês ao se trabalhar com programação. Todo o código se encontra nesta língua, portanto, você vai se deparar com diversas palavras em inglês ao longo do livro. Até as descrições dentro do código eu preferi deixar em inglês, pois quando se cria um tema WP, geralmente queremos que o maior número de pessoas o utilize, seja gratuito ou não, ao menos que estejamos desenvolvendo um projeto para um cliente específico. Um inglês intermediário é necessário para trabalhar com clientes internacionais.

Download do Tema Valhalla

O tema exemplo deste livro se chama Valhalla e foi criado por mim. Para facilitar o seu estudo, recomendo que você faça o download para melhor analisar o código em seu computador.

https://tinyurl.com/valhalla-wp-theme

A senha para abrir o arquivo ZIP está na página 92.

Google como Ferramenta de Trabalho

Como um desenvolvedor, o Google será o seu melhor aliado. Sempre que você estiver em dúvida sobre como fazer algo, organize a ideia do problema em uma frase não muito grande e sem preposições e faça uma pesquisa. As chances de você encontrar uma solução pronta ou o caminho para se chegar até ela são muito grandes. Uma vez, eu estava desenvolvendo um projeto em JS e precisava misturar dados de uma forma completamente randômica, mas eu não fazia ideia de como alcançar isso. Em apenas alguns minutos, encontrei o código pronto em um fórum de programação e o adaptei as minhas necessidades.

CAPÍTULO 2

Ambiente de Desenvolvimento

Instalação das ferramentas

Através dos links abaixo, faça o download e instale o editor Brackets e o servidor XAMPP. Caso seja a primeira vez que você utilize estes dois programas, faça uma leitura rápida dos pontos principais dos seus respectivos manuais disponíveis em seus sites.

http://brackets.io
https://www.apachefriends.org

Diretórios

Nosso projeto terá diversas pastas para uma organização eficiente dos arquivos. Comece por criar a pasta principal e a nomeie como desejar. No nosso caso, a pasta se chama Valhalla — o nome do meu tema. Dentro desta pasta, crie as subpastas css, images, inc, js, template-parts e lang.

A minha recomendação é que você desenvolva seu projeto diretamente da pasta de instalação do WP para que você possa visualizar qualquer alteração diretamente no seu navegador. É por esse motivo que você deve utilizar o XAMPP ou outro servidor local. Mas para que seu tema possa ser instalado e visualizado, é preciso criar os dois arquivos obrigatórios que serão abordados no tópico seguinte.

Arquivos Principais

Index.php (obrigatório)

Este é um arquivo obrigatório que será usado pelo WP na exibição de posts caso o arquivo home.php não seja encontrado. Vamos começar abrindo nossa ferramenta de trabalho Brackets. Dentro do programa, clique em File e depois em New para criar um novo arquivo. Vamos salvá-lo dentro da pasta principal clicando em File e em Save. É muito importante que você salve este arquivo com o nome index.php.

Este será o conteúdo do arquivo:

```php
<?php
/*
* The main template file.
* @package Valhalla
* @subpackage Templates
*/

// Do not allow directly accessing this file.

if ( ! defined( 'ABSPATH' ) ) {
```

```
exit( 'Direct script access denied.' );
}
?>


<?php get_header();
get_template_part( 'template-parts/blog-template' );
?>
```

Qualquer código PHP deve sempre estar dentro das tags de abertura <?php e fechamento ?>. Lembre-se sempre desta regra ou o seu tema não funcionará.

Qualquer texto que tem função apenas informativa deve ser colocado dentro de /* e */, caso contrário, o texto será exibido na página. /* Aqui tem um texto visível somente para mim. */

Não é uma regra e não influencia em nada no funcionamento do tema, mas é interessante colocar logo no topo as informações que identificam o arquivo. /* Modelo principal de arquivo */

O primeiro pedaço de código, "if (! defined", impede o acesso direto ao arquivo. Isso é uma ferramenta de segurança, pois impossibilita que alguém tenha acesso a informações que não deveria ter e possa usar isso para atacar o site, burlar o sistema de autenticação, etc.

get_header() - solicita o cabeçalho principal do site — header.php — que vamos criar mais pra frente.

get_template_part() - é uma função que solicita as partes do tema. Por exemplo, se você criar um modelo barra-lateral.php, você pode usar esta função para incluir este modelo em qualquer página do site que desejar.

Não se esqueça que toda função deve ser fechada com um ponto e vírgula.

Style.css (obrigatório)

Neste arquivo você vai colocar praticamente todos os estilos utilizados no site, mas outras folhas de estilo podem ser criadas caso necessário. É interessante que você deixe este arquivo organizado por seções, principalmente se o tema for de uso profissional. Veja abaixo um exemplo:

```
/*
Theme Name: Valhalla
Theme URI: --
Author: Pierre Macedo
Author URI: --
Description: Valhalla is a modern, fast, and highly customizable
WordPress theme. It's carefully built under the most modern web
design techniques to deliver a great layout with a fresh look to your
```

business website. It differs from other themes, not only aesthetically but also in the way it was coded. It doesn't come with unnecessary scripts or plugins. Our polished code will make your webpages load faster, which is a requisite to improve your business Google rankings. Valhalla also stands out for its customization options. Through the WordPress Theme Customizer, you have access to more than 180 color scheme options, and you can also change fonts, sizes, and alignments. For those with some knowledge in HTML, our theme also offers the possibility to insert arbitrary HTML code in some key areas. Valhalla is also fully responsive, which means it's capable of displaying content nicely on any screen size.

Version: 1.2

License: GNU General Public License v3.0

License URI: https://www.gnu.org/licenses/gpl-3.0.html

Text Domain: valhalla

*/

/*--

>>> TABLE OF CONTENTS:

----

29 - Alignment

30 - Gutenberg blocks

```
------------------------------------------------------------*/
```

Inclua no topo do arquivo pelo menos o nome do tema, autor, descrição, versão e text domain.

Home.php

Este é o modelo para a exibição de posts. Não se esqueça que apesar de podermos usar o WP para um site que não possua posts, a principal função desta plataforma é a exibição de conteúdo dinâmico.

```php
<?php
/*
* The default template for displaying posts.
* @package Valhalla
* @subpackage Templates
*/

// Do not allow directly accessing this file.

if ( ! defined( 'ABSPATH' ) ) {
exit( 'Direct script access denied.' );
}
?>
```

```php
<?php get_header('2');
get_template_part( 'template-parts/blog-template' );
?>
```

Repare que agora a função get_header() possui o argumento '2' dentro dela. Isso significa que o arquivo header-2 será incorporado. Se o argumento fosse '3', o arquivo procurado pelo WP seria o header-3.php e assim por diante.

Front-page.php

Este arquivo permite configurar uma página estática, sem posts, para ser a página principal do site. Esta opção é habilitada nas configurações do WP.

```php
<?php
/*
* The Static Front Page template.
* @package Valhalla
* @subpackage Templates
*/

// Do not allow directly accessing this file.

if ( ! defined( 'ABSPATH' ) ) {
exit( 'Direct script access denied.' );
```

```php
}
?>


<?php
if ( is_front_page() && is_home() ) {
get_header();
get_template_part( 'template-parts/blog-template' );
} elseif ( is_front_page() ) {
get_template_part( 'template-parts/home-template' );
}
?>
```

Usamos is_front_page() && is_home() para verificar se a página principal do site é também a página de exibição de posts e, nesse caso, vamos requisitar o cabeçalho padrão e o modelo do blog. Caso essa condição não seja verdadeira e a página principal não for uma página de blog (elseif), vamos utilizar o modelo da home page.

Se você não programa em nenhuma linguagem, talvez esteja perdido quanto ao funcionamento do código acima, mas o que está acontecendo é que iniciamos uma condição if seguido de abertura e fechamento de parênteses (), colocando as devidas funções dentro dele; abertura de colchete { seguido do código que será executado caso a nossa condição seja verdadeira; fechamento de colchete } e a segunda condição elseif que segue os mesmos padrões da primeira.

Observe que cada elemento dentro da nossa função é separado por um espaço. Isso é importante para manter o código organizado. Também não se esqueça de que, assim como no HTML, tudo que é aberto no PHP deve ser fechado. Um parêntese ou um colchete aberto já é o suficiente para impedir o funcionamento de todo o site.

Header.php

Você já foi apresentado a este arquivo nas páginas anteriores. Aqui simplesmente vamos criar o topo do nosso tema onde poderá ser exibido imagens, barra de menu, logo, etc. É possível ter um header diferente para cada página do site.

```php
<?php
/*
* The header for the home page.
* @package Valhalla
* @subpackage Templates
*/


// Do not allow directly accessing this file.

if ( ! defined( 'ABSPATH' ) ) {
exit( 'Direct script access denied.' );
}
?>
```

```
<!DOCTYPE html>
<html <?php language_attributes(); ?> class="no-js no-svg">

<head>
<meta charset="<?php bloginfo( 'charset' ); ?>">
<meta name="viewport" content="width=device-width, initial-scale=1">
<link rel="profile" href="https://gmpg.org/xfn/11">
<?php wp_head(); ?>
</head>

<body <?php body_class(); ?>>

<div class="home-header-top-bar-bg">
<div class="home-header-top-bar">
<i id="header-phone" class="fas fa-lg fa-phone"></i><span class="phone-top">
<?php echo esc_html( get_theme_mod( 'valhalla_header_phone' ) ); ?></span><a href="<?php echo esc_url( get_theme_mod( 'valhalla_header_twitter') ); ?>">
<i id="header-twitter" class="fa fa-lg fa-twitter"></i></a><a href="<?php echo esc_url( get_theme_mod( 'valhalla_header_facebook') ); ?>">
```

```
<i id="header-facebook" class="fa fa-lg fa-facebook-f"></i></a><a
href="<?php echo esc_url( get_theme_mod(
'valhalla_header_instagram') ); ?>">
<i id="header-instagram" class="fa fa-lg fa-instagram"></i></a>
</div>
</div>

<div id="home-header" class="home-header-background1">
<div class="container-fluid home-header-main-div">
<div class="row">
<div class="col">
<?php get_template_part( 'template-parts/header-menu' ); ?>
</div>
</div>
<div class="row">
<div class="col">
<div class="home-header-transparency-image">
<img src="<?php echo get_template_directory_uri();
?>/images/transparency.png" alt="<?php esc_attr__('transparent
image', 'valhalla'); ?>" class="img-fluid">
<div class="home-header-headlines">
<div id="header-carousel" class="carousel" data-ride="carousel">
<?php if ( get_theme_mod( 'valhalla_header_headlines') ) {
$settings = get_theme_mod( 'valhalla_header_headlines');
$headlines = count($settings);
```

```php
$indicator = 0;
$item = 0;
} ?>
<?php if ( $headlines > 1 ) : ?>
<ol class="carousel-indicators">
<?php foreach( $settings as $setting ) : ?>
<li id="indicator<?php echo esc_attr( $indicator ); ?>" data-
target="#header-carousel" data-slide-to="<?php echo esc_attr(
$indicator ); ?>"></li>
<?php $indicator = $indicator + 1; ?>
<?php endforeach; ?>
</ol>
<div class="carousel-inner">
<?php foreach( $settings as $setting ) : ?>
<?php $item = $item + 1; ?>
<div id="carousel-item<?php echo esc_attr( $item ); ?>"
class="carousel-item">
<div>
<h1 class="h1-header-headline">
<?php echo esc_html( $setting['field1'] ); ?>
</h1>
<p class="header-carousel-caption">
<?php echo esc_html( $setting['field2'] ); ?>
</p>
</div>
```

```php
</div>
<?php endforeach; ?>
</div>
<?php else : ?>
<div class="carousel-inner">
<?php foreach( (array) $settings as $setting ) : ?>
<div class="item active">
<div>
<h1 class="h1-header-headline">
<?php echo esc_html( $setting['field1'] ); ?>
</h1>
<p class="header-carousel-caption">
<?php echo esc_html( $setting['field2'] ); ?>
</p>
</div>
</div>
<?php endforeach; ?>
</div>
<?php endif; ?>
</div>
</div>
</div>
</div>
</div>
</div>
```

```
</div>
```

Nosso arquivo header.php é composto basicamente de HTML e não iremos entrar em detalhes quanto a isso. Vamos focar somente na parte PHP, assim como em todo o livro.

language_attributes() - adiciona os atributos de idioma dentro da tag <html>.

bloginfo() - exibe as informações do site, como nome, descrição, etc.

wp_head() - é um hook que não pode ser esquecido e deve ser incluído dentro da tag <head>. É através deste hook que o WP e os plugins usados no tema irão incluir os scripts e estilos CSS no cabeçalho.

body_class() - esta função adiciona classes CSS no elemento <body> que podem ser customizadas na folha de estilo. Para isso, basta usar o inspetor de elementos de qualquer navegador e verificar quais classes estão sendo exibidas. Também é possível utilizar diferentes estilos a depender da página, sendo necessário adicionar uma função no arquivo functions.php. Mais informações podem ser encontradas no link a seguir:

https://developer.wordpress.org/reference/functions/body_class/

echo - esta função exibe a informação parte de uma string. Para exibir um texto qualquer em um código PHP, por exemplo, faríamos algo assim: echo "Olá".

esc_html() - a segurança de um tema é algo importante e, neste aspecto, utilizamos esta função para impedir que o texto retornado da base de dados e que contenha caracteres HTML, seja exibido como HTML na página, o que poderia provocar comportamentos indesejados no nosso código ou ser a porta de entrada para vários tipos de ataques.

esc_url() - segue o mesmo princípio da função acima, mas é utilizada com links.

esc_attr() - você já compreendeu para que servem as funções esc e esta é utilizada com atributos, como "title", "alt", etc.

get_theme_mod() - é nesta parte que entra a possibilidade de customização do nosso tema através de um painel. Você irá entender mais sobre isso adiante, mas basicamente, esta função retorna um valor que pode ser alterado pelo usuário.

get_template_directory_uri() - muito útil para acessarmos uma imagem ou arquivo localizado no diretório do nosso tema. Ao invés de colocar um link direto para o arquivo, utilizamos esta função e apenas complementamos o link com os subdiretórios necessários.

Na última parte do código se encontra uma função PHP para lidar com a exibição de diferentes imagens no header. Não é importante explicar seu funcionamento, pois se trata de uma necessidade do presente tema. Quando você estiver trabalhando em seus projetos, funções diferentes e customizadas serão necessárias.

Até aqui já deu para perceber que, ao contrário de sites estáticos, temas do WP exibem as informações através de funções, sem a necessidade de escrever diretamente textos, links, etc., no código.

Observe que as tags <html> e <body> foram abertas no header, mas não foram fechadas. O motivo disso é porque esta é apenas a parte superior do site. O fechamento destas duas tags é feito no arquivo footer.

Footer.php

Se o header exibe a parte superior do nosso site, o footer exibe a parte inferior.

```php
<?php
/*
* The template for displaying the footer.
* @package Valhalla
* @subpackage Templates
*/

// Do not allow directly accessing this file.

if ( ! defined( 'ABSPATH' ) ) {
```

```php
exit( 'Direct script access denied.' );
}
?>


<?php wp_footer(); ?>


<div class="container-fluid footer">

<div class="container-fluid footer-main-div">
<div class="container-fluid section-footer">
<div class="row">
<div id="footer-about" class="col-md">
<p class="footer-headings">
<?php echo esc_html( get_theme_mod(
'valhalla_footer_about_heading') ); ?>
</p>
<p class="footer-text">
<?php echo esc_html( get_theme_mod( 'valhalla_footer_about_text')
); ?>
</p>
</div>
<div id="footer-contact" class="col-md">
<p class="footer-headings">
<?php echo esc_html( get_theme_mod(
'valhalla_footer_contact_heading') ); ?>
```

```
</p>
<p class="footer-text"><i id="footer-phone" class="fas fa-lg fa-
phone footer-icons"></i>
<?php echo esc_html( get_theme_mod(
'valhalla_footer_contact_phone') ); ?>
</p>
<p class="footer-text"><i id="footer-whatsapp" class="fa fa-lg fa-
whatsapp footer-icons"></i>
<?php echo esc_html( get_theme_mod(
'valhalla_footer_contact_whatsapp') ); ?>
</p>
<p class="footer-text"><i id="footer-email" class="fa fa-lg fa-at
footer-icons"></i>
<?php echo esc_html( get_theme_mod(
'valhalla_footer_contact_email') ); ?>
</p>
<p class="footer-text"><i id="footer-address" class="fa fa-lg fa-
location-arrow footer-icons"></i>
<?php echo esc_html( get_theme_mod(
'valhalla_footer_contact_address') ); ?>
</p>
</div>
<div id="footer-social" class="col-md">
<p class="footer-headings">
```

```php
<?php echo esc_html( get_theme_mod(
'valhalla_footer_social_heading') ); ?>
</p>
<p class="footer-text"><a href="<?php echo esc_url(
get_theme_mod( 'valhalla_footer_social_twitter') ); ?>"><i
id="footer-twitter" class="fa fa-lg fa-twitter footer-
icons"></i> Twitter</a></p>
<p class="footer-text"><a href="<?php echo esc_url(
get_theme_mod( 'valhalla_footer_social_facebook') ); ?>"><i
id="footer-facebook" class="fa fa-lg fa-facebook footer-
icons"></i> Facebook</a></p>
<p class="footer-text"><a href="<?php echo esc_url(
get_theme_mod( 'valhalla_footer_social_instagram') ); ?>"><i
id="footer-instagram" class="fa fa-lg fa-instagram footer-
icons"></i> Instagram</a></p>
</div>
<?php if (is_active_sidebar('sidebar-2')) : ?>
<div id="footer-widget" class="col-md">
<div class="footer-sidebar">
<div id="sidebar">
<ul>
<?php dynamic_sidebar('sidebar-2'); ?>
</ul>
</div>
</div>
```

```
</div>
<?php endif; ?>
</div>
</div>
</div>

</div>

<div class="container-fluid footer2">
<div class="container-fluid section-footer">
<p>©Copyright 2020  |  Valhalla
Theme <?php echo esc_html__('by', 'valhalla'); ?> Pierre
Macedo  |  <?php echo esc_html__('All
Rights Reserved', 'valhalla'); ?>
</p>
</div>
</div>

</body>

</html>
```

wp_footer() - um hook utilizado para incluir scripts, estilos e outras informações que podem ser adicionadas na parte de baixo da página. Vale lembrar que qualquer script adicionado no footer é executado por último, portanto, se alguma parte do seu tema necessita de um script logo no início do carregamento da página, então ele deve ser incluído no header. Mas a regra é clara: para melhor performance, tudo que puder ir no footer, lá deve ser colocado.

is_active_sidebar() - nesta função estamos verificando se existe um menu chamado sidebar-2 que exibirá os links úteis no footer. O registro de sidebars é feito no arquivo functions.php.

dynamic_sidebar() - usada para exibir a barra lateral ou, nesse caso específico, o menu do footer.

404.php

A página de erro padrão do site para quando uma página não for encontrada.

```php
<?php
/*
* The 404 error page template.
* @package Valhalla
* @subpackage Templates
*/

// Do not allow directly accessing this file.

if ( ! defined( 'ABSPATH' ) ) {
exit( 'Direct script access denied.' );
```

```php
}
?>
```

```php
<?php get_header(); ?>
```

```html
<div class="main-content-area">
```

```html
<div class="container-fluid">
<?php get_template_part( 'template-parts/404-template' ); ?>
</div>
```

```html
</div>
```

```php
<?php get_footer(); ?>
```

Functions.php

Chegamos a uma parte crucial do tema — o arquivo que contém todas as funções de uso global. Qualquer erro aqui provoca um erro geral na instalação do WP, sendo necessário acessar o arquivo diretamente pelo gerenciador do servidor para corrigi-lo ou fazer o upload do arquivo corrigido.

```php
<?php
/*
 * Valhalla functions and definitions.
 * @package Valhalla
```

```php
* @subpackage Core
*/

// Do not allow directly accessing this file.

if ( ! defined( 'ABSPATH' ) ) {
exit( 'Direct script access denied.' );
}

require_once( dirname( __FILE__ ) . '/inc/class-tgm-plugin-
activation.php' );
require( dirname( __FILE__ ) . '/inc/kirki/kirki.php' );
require( dirname( __FILE__ ) . '/inc/customizer.php' );
require( 'dynamic-styles.php' );

/*
* Register Custom Navigation Walker
*/

require_once('class-wp-bootstrap-navwalker.php');

function valhalla_bootstrap_nav() {
wp_nav_menu( array(
'theme_location'  => 'header-menu',
'depth'        => 2,
```

```
'container'      => 'false',
'menu_class'     => 'nav navbar-nav',
'fallback_cb'    => 'wp_bootstrap_navwalker::fallback',
'walker'         => new wp_bootstrap_navwalker())
);
}


function valhalla_register_header_menu() {
register_nav_menu('header-menu',__( 'Header Menu', 'valhalla' ));
}
add_action( 'init', 'valhalla_register_header_menu' );


/*
* Theme setup
*/


function valhalla_setup() {
add_theme_support( 'title-tag' );
add_theme_support( 'automatic-feed-links' );
add_theme_support( 'post-thumbnails' );
add_theme_support( 'wp-block-styles' );
add_theme_support( 'align-wide' );
add_theme_support( 'align-full' );
add_theme_support( 'editor-styles' );
add_editor_style( 'style-editor.css' );
```

```
}
add_action( 'after_setup_theme', 'valhalla_setup' );

/*
* Register sidebars
*/

function valhalla_widgets_init() {
register_sidebar( array(
'name'      => __( 'Left Sidebar', 'valhalla' ),
'id'       => 'sidebar-1',
'description'  => __( 'Add widgets here to appear in the sidebar on
blog posts.', 'valhalla' ),
'before_widget' => '<section id="%1$s" class="widget %2$s">',
'after_widget' => '</section>',
'before_title' => '<h2 class="widget-title">',
'after_title' => '</h2>',
) );
register_sidebar( array(
'name'      => __( 'Footer Sidebar', 'valhalla' ),
'id'       => 'sidebar-2',
'description'  => __( 'Add widgets here to appear in the footer.',
'valhalla' ),
'before_widget' => '<section id="%1$s" class="widget %2$s">',
'after_widget' => '</section>',
```

```
'before_title' => '<h2 class="widget-title">',
'after_title'  => '</h2>',
) );
}
add_action( 'widgets_init', 'valhalla_widgets_init' );


/*
 * Enqueue scripts and fonts
 */

function valhalla_scripts() {
global $template;
$template_slug = basename( $template );

if ( (is_front_page() && is_home()) || ('index.php' ===
$template_slug) || (is_404())) {
wp_enqueue_script('jquery');
wp_enqueue_script('bootstrap-js', get_template_directory_uri() .
'/js/bootstrap.js', array('jquery'), '4.2.1', true);
wp_enqueue_script('valhalla-carousel',
get_template_directory_uri() . '/js/valhalla-carousel.js',
array('jquery'), null, true);
}
else if ( is_home()) {
wp_enqueue_script('jquery');
```

```
wp_enqueue_script('bootstrap-js', get_template_directory_uri() .
'/js/bootstrap.js', array('jquery'), '4.2.1', true);
}
else if ( is_front_page() || is_page_template('services.php')){
wp_enqueue_script('jquery');
wp_enqueue_script('bootstrap-js', get_template_directory_uri() .
'/js/bootstrap.js', array('jquery'), '4.2.1', true);
wp_enqueue_script('jquery-ui-core');
wp_enqueue_script('jquery-ui-tabs');
wp_enqueue_script('valhalla-carousel',
get_template_directory_uri() . '/js/valhalla-carousel.js',
array('jquery'), null, true);
wp_enqueue_script('font-awesome-shims',
get_template_directory_uri() . '/js/v4-shims.js', array(), '5.0.3', true);
wp_enqueue_script('valhalla-tabs', get_template_directory_uri() .
'/js/valhalla-tabs.js', array(), null, true);
} else {
wp_enqueue_script('jquery');
wp_enqueue_script('bootstrap-js', get_template_directory_uri() .
'/js/bootstrap.js', array('jquery'), '4.2.1', true);
wp_enqueue_script('font-awesome-shims',
get_template_directory_uri() . '/js/v4-shims.js', array(), '5.0.3', true);
}
}
add_action('wp_enqueue_scripts', 'valhalla_scripts');
```

```
function valhalla_footer_scripts() {
if (is_page_template('faq.php')) {
?>
<script>
( function( $ ) {
"use strict";
$( "#faq-button1" ).attr( "aria-expanded", "true" );
$( "#faq-collapse1" ).addClass( "show");
} )(jQuery);
</script>
<?php
}
}
add_action('wp_footer', 'valhalla_footer_scripts');

function valhalla_fonts() {
wp_enqueue_style( 'google-font-sans-pro',
'https://fonts.googleapis.com/css?family=Source+Sans+Pro', false );
wp_enqueue_style( 'google-font-montserrat',
'https://fonts.googleapis.com/css?family=Montserrat', false );
wp_enqueue_style( 'google-font-libre-baskerville',
'https://fonts.googleapis.com/css?family=Libre+Baskerville', false );
```

```
wp_enqueue_style( 'font-awesome',
'https://use.fontawesome.com/releases/v5.7.1/css/all.css', array(),
'5.7.1', false );
}
add_action( 'wp_enqueue_scripts', 'valhalla_fonts' );


/*
* Set content max width
*/

if ( ! isset( $content_width ) ) $content_width = 600;


/*
* Style tags
*/

function valhalla_the_tags($html) {
$postid = get_the_ID();
$html = str_replace('<a','<a class="badge badge-primary tags-
badge"',$html);
return $html;
}
add_filter('the_tags','valhalla_the_tags',10,1);


/*
```

```
* Customizer custom styles
*/

function valhala_customizer_style( $config ) {
return wp_parse_args( array(
'description' => esc_html__( 'Valhalla is a modern, fast and highly
customizable WordPress theme.', 'valhalla' ),
'color_accent' => '#0091EA',
'color_back'  => '#5a6268',
), $config );
}
add_filter( 'kirki_config', 'valhala_customizer_style' );

function valhalla_customizer_additional_style() {
wp_register_style( 'custom_wp_admin_css',
get_template_directory_uri() . '/css/customizer.css', false);
wp_enqueue_style( 'custom_wp_admin_css' );
}
add_action('admin_enqueue_scripts',
'valhalla_customizer_additional_style');

/*
* Recommend the installation of the Valhalla Contact Form plugin
*/
```

```
function valhalla_register_required_plugins() {
$plugins = array(
array(
'name'          => 'Valhalla Contact Form',
'slug'          => 'valhalla-contact-form',
'source'        => get_template_directory() . '/plugins/valhalla-
contact-form.zip',
'required'      => false,
'version'       => '1.0',
'force_activation'  => false,
'force_deactivation' => false,
'external_url'  => '',
'is_callable'   => '',
),
);
$config = array(
'id'          => 'valhalla',
'default_path' => '',
'menu'         => 'tgmpa-install-plugins',
'has_notices'  => true,
'dismissable'  => true,
'dismiss_msg'  => '',
'is_automatic' => false,
'message'      => '',
);
```

```php
tgmpa( $plugins, $config );
}
add_action( 'tgmpa_register', 'valhalla_register_required_plugins' );


/*
* Categories widget with hierarchy enabled
*/

function categories_widget_border() {
if (is_single()) {
?>
<script>
( function( $ ) {
"use strict";
$( "ul.children" ).parent().css( "border", "none" );
} )(jQuery);
</script>
<?php
}
}
add_action('wp_footer', 'categories_widget_border');
```

Nosso arquivo contém todas as funções adequadas para o tema Valhalla. Recomendo que você não tente compreender como elas funcionam, mas somente para o que elas servem. Use o código deste projeto como modelo para você aplicar nos seus projetos futuros. É muito fácil e útil adaptar um código as nossas necessidades.

require_once(), require() - ambos tem a função de incluir arquivos, a única diferença é que o primeiro verifica se o arquivo já foi incluído e, caso positivo, não incluirá novamente. No exemplo dado, estamos incluindo um ativador de plugins, um plugin necessário para criar campos customizáveis e o próprio arquivo contendo as customizações.

dirname( ) - retorna o diretório raiz do site. Novamente recomendo que você pegue o exemplo fornecido e o adapte para seu projeto, apenas alterando os diretórios e nomes dos arquivos.

Para a construção do menu do tema Valhalla, utilizei o WP Bootstrap Navwalker. Mais informações no link seguinte:

https://github.com/wp-bootstrap/wp-bootstrap-navwalker

register_nav_menu() - depois de acessar o link anterior e aprender a construir o menu utilizando a função wp_nav_menu(), é hora de registrar o menu com esta função.

add_action() - você deve ter percebido que no final de cada função esta outra aparece. Ela irá executar a função que a antecede. São necessários dois argumentos dentro dela que são o hook para qual a função está associada e o nome da função em si. Você já foi apresentado a dois hooks neste livro — o wp_head e o wp_footer. Se criarmos a função valhalla_footer_scripts() para incluir scripts no footer, nosso add_action() ficará assim:

add_action('wp_footer', 'valhalla_footer_scripts');

wp_enqueue_script() - adiciona os scripts ao nosso tema. Esta função possui vários argumentos. No nosso exemplo, utilizamos a função array() para indicar a dependência de um script, ou seja, eu preciso que o jQuery seja executado antes do Bootstrap, porque o Bootstrap possui funcionalidades que são dependentes dele. Outro argumento é a versão do script e, por último, o true. O argumento true autoriza o script a ser executado no footer. Caso seja necessário a execução no header, utilize false. Note que o WP já possui uma versão do jQuery embutida, portanto, você não precisa apontar nenhum arquivo JS nesse caso.

Na nossa função valhalla_scripts(), utilizamos condicionais para verificar qual a página exibida e assim incluir somente os scripts necessários para aquela página. Isso ajuda na performance do site, pois os scripts serão carregados somente onde são requisitados.

wp_register_style() - é uma função utilizada para registrar as folhas de estilos, mas só é necessária quando queremos evitar conflitos entre algum plugin e nosso tema. Do contrário, é opcional.

wp_enqueue_style() - função utilizada para incluir as folhas de estilos e fontes do Google utilizadas no tema.

admin_enqueue_scripts() - como o tema Valhalla tem um painel onde os usuários podem customizar textos, cores, imagens, etc., utilizamos esta função para adicionar folhas de estilos ao admin do WP, de forma que possamos estilizar o painel de administração para se adequar a proposta do tema. Para ficar mais claro, qualquer modificação visual que se deseja fazer na área restrita do WP, precisa ser feito em uma folha de estilo usada exclusivamente para alterar esta área.

add_theme_support() - adiciona funcionalidades ao tema, por exemplo, Editor Style permite utilizar uma folha de estilos para modificar a aparência do editor de conteúdo do WP.

register_sidebar() - assim como precisamos registrar o menu de navegação, também precisamos registrar o menu lateral ou barra lateral caso nosso tema possua uma. Apesar do nome "lateral", esta função também é usada para registrar o menu que aparece no footer. As sidebars irão aparecer na seção de Widgets do WP com os nomes nas quais foram registradas no functions.php. Com isso, o usuário do tema pode adicionar vários widgets a qualquer uma das sidebars e eles serão exibidos automaticamente no site.

Arquivos Secundários

Category.php

Se você está desenvolvendo um tema profissional, pode ser que seu cliente queira utilizar seu site também para a função de blog.

Portanto, é interessante uma página que exiba todos os posts organizados por categorias.

```php
<?php
/*
* The template for displaying category pages.
* @package Valhalla
* @subpackage Templates
*/

// Do not allow directly accessing this file.

if ( ! defined( 'ABSPATH' ) ) {
exit( 'Direct script access denied.' );
}
?>

<?php get_header('2'); ?>

<div class="main-content-area">

<div class="container-fluid widget-page-section1">
<?php if ( have_posts() ) : ?>
<?php while ( have_posts() ) : the_post(); ?>
<div class="card mb-3">
<div class="card-body">
```

```
<h5 class="card-title"><a href="<?php the_permalink() ?>"
rel="bookmark" title="<?php printf(__('Permanent Link to %s',
'valhalla'), the_title_attribute()) ?>">
<?php the_title(); ?></a></h5>
<small>
<?php the_time(__('F j, Y', 'valhalla')) ?>
<?php echo esc_html__(' by ', 'valhalla'); ?>
<?php the_author_posts_link() ?></small>
<?php the_excerpt(); ?>
<p class="postmetadata">
<?php comments_popup_link(__('No comments yet', 'valhalla'), __('1
comment', 'valhalla'), __('% comments', 'valhalla'), 'comments-link',
__('Comments closed','valhalla')); ?>
</p>
</div>
</div>
<?php endwhile; ?>
<div class="pages-navigation">
<?php echo wp_kses_post(paginate_links()); ?>
</div>
<?php else: ?>
<?php get_template_part( 'template-parts/404-template' ); ?>
<?php endif; ?>
</div>
```

```
<div class="content-separator"></div>
```

```
</div>
```

```
<?php get_footer(); ?>
```

Este código contém uma função que verifica se existem posts a serem exibidos e extrai algumas informações desses posts, como o link the_permalink() e o título the_title().

Repare que a linha while (have_posts()) diz ao código que enquanto existirem posts a serem mostrados, gere uma <div> para cada post. E fechamos nossa função while imediatamente depois da última </div> que fecha a <div> principal.

wp_kses_post() - filtra o código HTML permitido na área de posts.

paginate_links() - cria uma paginação caso os posts precisem ser exibidos em mais de uma página.

A função continua com um else para caso não existam posts e então seja mostrado a página de erro 404, e termina logo após com um endif.

O código exemplo tem a função de exibir uma lista de posts quando o usuário clica em determinada categoria. Para exibir uma lista de categorias, o usuário do tema deve adicionar o widget correspondente no painel do WP. No tema Valhalla, as duas áreas onde o

Widget de Categorias pode ser adicionado são a barra lateral e o menu do footer.

Archive.php

Uma página para mostrar todos os posts que podem estar separados por mês, ano, assunto, etc.

```php
<?php
/*
* The template for displaying archive pages.
* @package Valhalla
* @subpackage Templates
*/

// Do not allow directly accessing this file.

if ( ! defined( 'ABSPATH' ) ) {
exit( 'Direct script access denied.' );
}
?>

<?php get_header('2'); ?>

<div class="main-content-area">

<div class="container-fluid widget-page-section1">
```

```php
<div class="search-page-form">
<?php get_search_form(); ?>
</div>
<?php if (have_posts()) : while (have_posts()) : the_post(); ?>
<div class="card mb-3">
<div class="card-body">
<h5 class="card-title"><a href="<?php the_permalink(); ?>">
<?php the_title(); ?></a></h5>
<p class="card-text">
<?php the_excerpt(); ?>
</p>
</div>
</div>
<?php endwhile; ?>
<div class="pages-navigation">
<?php echo wp_kses_post(paginate_links()); ?>
</div>
<?php else : ?>
<?php get_template_part( 'template-parts/404-template' ); ?>
<?php endif; ?>
</div>

<div class="content-separator"></div>

</div>
```

```php
<?php get_footer(); ?>
```

get_search_form() - exibe o formulário de pesquisa.

O código exemplo tem a função de exibir uma lista de posts quando o usuário clica em determinado nome de arquivo. Para exibir uma lista de arquivos, o usuário do tema deve adicionar o widget correspondente no painel do WP. No tema Valhalla, as duas áreas onde o Widget de Arquivos pode ser adicionado são a barra lateral e o menu do footer.

Comments.php

Modelo de exibição de comentários em posts.

```php
<?php
/*
 * The template for displaying comments.
 * @package Valhalla
 * @subpackage Templates
 */

// Do not allow directly accessing this file.

if ( ! defined( 'ABSPATH' ) ) {
exit( 'Direct script access denied.' );
```

```
}
?>


<div id="comments" class="comments-area">


<?php if ( have_comments() ) : ?>
<h4 class="comments-title">
<?php echo esc_html__( 'Comments', 'valhalla' ); ?>
</h4>
<?php if ( get_comment_pages_count() > 1 && get_option(
'page_comments' ) ) : ?>
<nav id="comment-nav-above" class="navigation comment-
navigation" role="navigation">
<h5 class="screen-reader-text">
<?php echo esc_html__( 'Comment navigation', 'valhalla' ); ?>
</h5>
<div class="nav-previous">
<?php previous_comments_link( esc_html__( 'Older Comments',
'valhalla' ) ); ?>
</div>
<div class="nav-next">
<?php next_comments_link( esc_html__( 'Newer Comments',
'valhalla' ) ); ?>
</div>
</nav>
```

```php
<?php endif; ?>
<ol class="comment-list">
<?php
wp_list_comments( array(
'style'    => 'ol',
'short_ping' => true,
'avatar_size'=> 34,
) );
?>
</ol>
<?php if ( get_comment_pages_count() > 1 && get_option(
'page_comments' ) ) : ?>
<nav id="comment-nav-above" class="navigation comment-
navigation" role="navigation">
<h5 class="screen-reader-text">
<?php echo esc_html__( 'Comment navigation', 'valhalla' ); ?>
</h5>
<div class="nav-previous">
<?php previous_comments_link( esc_html__( 'Older Comments',
'valhalla' ) ); ?>
</div>
<div class="nav-next">
<?php next_comments_link( esc_html__( 'Newer Comments',
'valhalla' ) ); ?>
</div>
```

```
</nav>
<?php endif; ?>
<?php if ( ! comments_open() ) : ?>
<p class="no-comments">
<?php echo esc_html__( 'Comments are closed.', 'valhalla' ); ?>
</p>
<?php endif; ?>
<?php endif; ?>

<?php comment_form(); ?>

</div>
```

Este código é bastante simples de entender e as funções possuem nomes óbvios. O que se passa no código é simplesmente a verificação da existência de comentários para exibir.

get_comment_pages_count() - retorna o número de páginas da área de comentários, ou seja, comentários que possuem paginação.

get_option() - função usada para retornar valores de opções que são dados de configurações e preferências salvas no WP. No nosso caso, utilizamos a opção page_comments para verificar se os comentários são paginados.

Searchform.php

Vamos criar o formulário de pesquisa do tema.

```php
<?php
/*
 * The template for displaying the search form.
 * @package Valhalla
 * @subpackage Templates
 */

// Do not allow directly accessing this file.

if ( ! defined( 'ABSPATH' ) ) {
exit( 'Direct script access denied.' );
}
?>

<form action="<?php echo esc_url( home_url( '/' ) ); ?>" method="get" accept-charset="utf-8" id="searchform" role="search">

<div class="search-form">
<div>
<input class="search-box" type="text" name="s" id="s" value="<?php the_search_query(); ?>" placeholder="<?php echo esc_html__( 'Search for...', 'valhalla' ); ?>" />
```

```
</div>
<button type="submit" class="btn search-button <?php echo
esc_attr( get_theme_mod( 'valhalla_post_search_button_style', 'btn-
secondary' ) ); ?>" id="searchsubmit"><?php echo esc_html__(
'Search', 'valhalla' ); ?></button>
</div>

</form>
```

Código bastante simples que você pode simplesmente copiar para o seu projeto, alterando somente as classes CSS, o texto do formulário, text domain e o get_theme_mod.

Search.php

Página de exibição dos resultados de pesquisa.

```php
<?php
/*
* The template for displaying search results pages.
* @package Valhalla
* @subpackage Templates
*/

// Do not allow directly accessing this file.

if ( ! defined( 'ABSPATH' ) ) {
```

```php
exit( 'Direct script access denied.' );
}
?>


<?php get_header('2'); ?>


<div class="main-content-area">


<div class="container-fluid search-section1">
<div class="search-page-form">
<?php get_search_form(); ?>
</div>
<?php if (have_posts()) : while (have_posts()) : the_post(); ?>
<div class="card mb-3">
<div class="card-body">
<h5 class="search-post-title card-title"><a href="<?php
the_permalink(); ?>">
<?php the_title(); ?></a></h5>
<p class="search-post-excerpt card-text">
<?php the_excerpt(); ?>
</p>
</div>
</div>
<?php endwhile; ?>
<div class="pages-navigation">
```

```
<?php echo wp_kses_post(paginate_links( $args )); ?>
</div>
<?php else : ?>
<?php get_template_part( 'template-parts/404-template' ); ?>
<?php endif; ?>
</div>

<div class="content-separator"></div>

</div>

<?php get_footer(); ?>
```

Código bastante semelhante ao da página de categorias e muito fácil de entender. Os posts serão exibidos de acordo com o texto inserido no formulário de pesquisa. Caso nenhum resultado seja encontrado, a página de erro padrão será exibida. Você pode criar um template diferente do 404 para exibir na página de pesquisa.

Single.php

Arquivo essencial para exibir posts individualmente, ou seja, quando alguém clicar em um link para um post, esta será a página onde o post será mostrado.

```php
<?php
/*
 * The template for displaying single posts.
 * @package Valhalla
 * @subpackage Templates
 */

// Do not allow directly accessing this file.

if ( ! defined( 'ABSPATH' ) ) {
exit( 'Direct script access denied.' );
}
?>

<?php get_header('2'); ?>

<div class="container-fluid post-main-content-area">

<div class="row post-row">
<?php if (is_active_sidebar('sidebar-1')) : ?>
<div class="col-md-9">
<?php else : ?>
<div class="col-md-12">
<?php endif; ?>
<div class="post-section">
```

```php
<?php if ( have_posts() ) : while ( have_posts() ) : the_post(); ?>
<?php
$thumb_id = get_post_thumbnail_id(get_the_ID());
$alt = get_post_meta($thumb_id, '_wp_attachment_image_alt',
true);
?>
<div class="post-image-div"><img alt="<?php echo esc_attr( $alt );
?>" class="post-image" src="<?php echo
esc_url(wp_get_attachment_url( get_post_thumbnail_id('') ));
?>"></div>
<div <?php post_class('post-content') ?> id="post-<?php the_ID();
?>">
<?php the_content(''); ?>
</div>
<div class="clear-fix"></div>
<p class="post-author">
<?php the_author() ?>
<?php echo esc_html__(' on ', 'valhalla'); ?>
<?php the_time(__('F j, Y', 'valhalla')) ?>
</p>
<?php if(has_tag()) : ?>
<?php
$tags = get_the_tags(get_the_ID());
foreach($tags as $tag){
```

```php
echo '<a href="'.esc_url(get_tag_link($tag->term_id)).'" rel="tag"
class="badge badge-primary post-tags-style">'.esc_attr($tag-
>name).'</a> ';
} ?>
<?php endif; ?>
<?php echo wp_kses_post('<div class="post-pagination">');
wp_link_pages( array(
'before'    => wp_kses_post('<div class="post-page-links"><span
class="post-page-links-title">' . __( 'Pages:', 'valhalla' ) . '</span>'),
'after'     => wp_kses_post('</div>'),
'link_before' => wp_kses_post('<span class="no">'),
'link_after' => wp_kses_post('</span>'),
) );
echo wp_kses_post('</div>');
?>
<?php if ( comments_open() || get_comments_number() ) :
comments_template();
endif; ?>
<?php endwhile; else: ?>
<?php get_template_part( 'template-parts/404-template' ); ?>
<?php endif; ?>
</div>
</div>
<?php if (is_active_sidebar('sidebar-1')) : ?>
<div class="col-md-3">
```

```
<div class="post-sidebar">
<div id="sidebar">
<ul>
<?php dynamic_sidebar('sidebar-1'); ?>
</ul>
</div>
</div>
</div>
<?php endif; ?>
</div>


<div class="content-separator"></div>


</div>


<?php get_footer(); ?>
```

is_active_sidebar() - com esta função, verificamos se existe uma barra lateral chamada sidebar-1 registrada no arquivo functions. Caso exista, começamos o código com uma coluna de determinada largura, do contrário, prosseguimos com uma largura diferente.

Na parte do código destacada a seguir, nós armazenamos o ID da imagem do post na variável $thumb_id. A variável $alt é usada para armazenar os metadados da imagem (texto alternativo) através da função get_post_meta() que leva o argumento $thumb_id.

```php
<?php
$thumb_id = get_post_thumbnail_id(get_the_ID());
$alt = get_post_meta($thumb_id, '_wp_attachment_image_alt',
true);
?>
```

Uma variável tem a simples função de armazenar uma informação para ser reutilizada dentro do mesmo código na mesma página. No exemplo dado, a variável $alt é utilizada para preencher o atributo alt dentro da tag <img>. O nome de uma variável é de livre escolha. Mas preste atenção: a definição de uma variável deve ocorrer antes dela ser utilizada, caso contrário, nenhuma informação será exibida.

wp_get_attachment_url(get_post_thumbnail_id(")) - irá retornar o link para a imagem do post.

post_class() - aqui definimos que post-content será a classe CSS que vamos utilizar nos posts.

has_tag() - utilizamos para verificar se o post possui tags e, caso possua, executamos uma função para exibi-las.

Arquivos Adicionais

Dynamic-styles.php

O tema Valhalla apresentado neste livro é altamente customizável, permitindo que o usuário altere todas as cores do site. Para poder alcançar este nível de customização é necessária a criação de estilos dinâmicos. Este processo pode ser feito diretamente no arquivo functions, mas é preferível que se crie um arquivo especialmente para isso e o inclua no functions.php através da função require().

O topo do arquivo é o padrão que você já conhece:

```php
<?php
/*
* Valhalla dynamic styles function.
* @package Valhalla
* @subpackage Core
*/

// Do not allow directly accessing this file.

if ( ! defined( 'ABSPATH' ) ) {
exit( 'Direct script access denied.' );
}
```

Todo o código será colocado dentro de uma função como essa:

```php
function valhalla_dynamic_styles() { }
```

Inicialmente, fazemos uma verificação de qual página está sendo exibida para que possamos incluir as folhas de estilos necessárias e criar o CSS dinâmico.

Para verificar se a página é a index.php, precisamos utilizar um truque adicional como mostrado abaixo:

```
global $template;
$template_slug = basename( $template );
```

Agora vamos verificar várias páginas ao mesmo tempo, inclusive a index.php:

```
if ( ( is_front_page() && is_home() ) || (is_front_page()) || (is_404()) ||
('index.php' === $template_slug) ) {
wp_enqueue_style('bootstrap', get_template_directory_uri() .
'/css/bootstrap.css', array(), '4.2.1');
wp_enqueue_style('jquery-ui-theme', get_template_directory_uri()
. '/css/jquery-ui.css');
wp_enqueue_style('valhalla-style', get_template_directory_uri() .
'/style.css', array('bootstrap', 'jquery-ui-theme'));
wp_enqueue_style('valhalla-style-responsive',
get_template_directory_uri() . '/style-responsive.css',
array('valhalla-style'));
}
```

O próximo passo é adicionar as variáveis que irão armazenar as cores que o usuário customizou no painel do tema:

```
$bg1_color1 = get_theme_mod( 'valhalla_home_header_bg1_color1',
'#131b80');
```

```
$bg1_color2 = get_theme_mod( 'valhalla_home_header_bg1_color2',
'#040325');
$bg2_color1 = get_theme_mod( 'valhalla_home_header_bg2_color1',
'#0a5d9f');
$bg2_color2 = get_theme_mod( 'valhalla_home_header_bg2_color2',
'#1e92dd');
$bg3_color1 = get_theme_mod( 'valhalla_home_header_bg3_color1',
'#2f2e34');
$bg3_color2 = get_theme_mod( 'valhalla_home_header_bg3_color2',
'#16151a');
```

A função get_theme_mod() possui dois argumentos. O primeiro acessa a respectiva informação na base de dados que possui a cor definida pelo usuário para uma área específica do site. O segundo é a cor padrão, caso a cor ainda não tenha sido alterada.

Agora precisamos fazer novas verificações de acordo com a necessidade do tema e criar os estilos dinâmicos:

```
if ('gradient' == get_theme_mod('valhalla_header_style_home',
'gradient')) {
$header_bg = "
.home-header-background1 {
background: {$bg1_color1} ;
background: -moz-radial-gradient(circle, {$bg1_color1} 0%,
{$bg1_color2} 50%);
```

```
background: -webkit-radial-gradient(circle, {$bg1_color1} 0%,
{$bg1_color2} 50%);
background: radial-gradient(circle, {$bg1_color1} 0%, {$bg1_color2}
50%);
} ";
wp_add_inline_style( 'valhalla-style', $header_bg ); }
```

No código acima, nós armazenamos o CSS dentro de uma variável e as propriedades são preenchidas utilizando as variáveis definidas no começo da função. Cada seção deve ser adicionada a uma folha de estilo existente como no exemplo abaixo:

```
wp_add_inline_style( 'valhalla-style', $header_bg );
```

wp_add_inline_style() - esta função permite adicionar estilos extras a uma folha de estilo que já foi incluída. No nosso caso, logo após a verificação de página, nós incluímos a folha valhalla-style.

Segue um exemplo resumido do que foi explicado anteriormente:

```
function valhalla_dynamic_styles() {
global $template;
$template_slug = basename( $template );

/* Enqueue styles for the home page */
```

```php
if ( (is_front_page() && is_home()) || (is_front_page()) || (is_404()) ||
('index.php' === $template_slug) ) {
wp_enqueue_style('valhalla-style', get_template_directory_uri() .
'/style.css', array('bootstrap', 'jquery-ui-theme'));


$bg1_color1 = get_theme_mod( 'valhalla_home_header_bg1_color1',
'#131b80');
$bg1_color2 = get_theme_mod( 'valhalla_home_header_bg1_color2',
'#040325');


if ('gradient' == get_theme_mod('valhalla_header_style_home',
'gradient')) {
$header_bg = "
.home-header-background1 {
background: {$bg1_color1} ;
background: -moz-radial-gradient(circle, {$bg1_color1} 0%,
{$bg1_color2} 50%);
background: -webkit-radial-gradient(circle, {$bg1_color1} 0%,
{$bg1_color2} 50%);
}";
wp_add_inline_style( 'valhalla-style', $header_bg );
        }
    }
}
```

Modelos diversos

Este tópico não se trata de um arquivo em si, mas a possibilidade de se criar modelos ou templates prontos para qualquer página do site. A única coisa que você deve saber neste aspecto é que todo modelo de página deve começar com a seguinte linha de código:

```
<?php /* Template Name: Contact */ ?>
```

A linha acima permitirá ao WP identificar tal arquivo como um template. No nosso exemplo, o nome que demos ao template foi Contact, mas você pode nomear o seu como quiser.

Apesar de ser possível obrigar o WP a criar páginas automaticamente ao se instalar o tema, isso não é recomendável. Portanto, todas as páginas necessárias devem ser criadas manualmente no editor do WP e aí selecionamos qual o modelo será usado para a página.

Page.php

Pode ser que os usuários do seu tema queiram criar uma página personalizada ao invés de utilizar os modelos prontos. Para isso é necessário que seu tema possua o arquivo page.php.

```
<?php
/*
* The template for displaying all pages.
* @package Valhalla
```

```php
* @subpackage Templates
*/

// Do not allow directly accessing this file.

if ( ! defined( 'ABSPATH' ) ) {
exit( 'Direct script access denied.' );
}
?>

<?php get_header('2'); ?>

<div class="main-content-area">

<div class="container-fluid page-section1">
<div class="page-content">
<?php while ( have_posts() ) : the_post(); ?>
<?php the_content();?>
<?php endwhile; ?>
</div>
<div class="clear-fix"></div>
<?php if ( comments_open() || get_comments_number() ) :
comments_template();
endif; ?>
<?php echo wp_kses_post('<div class="pages-navigation">');
```

```
wp_link_pages( array(
'before'    => wp_kses_post('<div class="page-links"><span
class="page-links-title">' . __( 'Pages:', 'valhalla' ) . '</span>'),
'after'     => wp_kses_post('</div>'),
'link_before' => wp_kses_post('<span class="no">'),
'link_after' => wp_kses_post('</span>'),
) );
echo wp_kses_post('</div>');
?>
</div>

<div class="content-separator"></div>

</div>

<?php get_footer(); ?>
```

O código acima exibe o conteúdo digitado no editor de páginas do WP. O header, footer e a estrutura do site são os mesmos.

Blank.php

No caso da page.php, o usuário fica limitado a criar uma página com a estrutura padrão do tema. Para contornar este problema, criamos um modelo de página vazia que irá conter somente o footer. Caso você queira remover o footer, não se esqueça de fechar as tags <html> e <body> no próprio arquivo.

```php
<?php /* Template Name: Blank */ ?>
<?php
/*
* Blank page template
* @package Valhalla
* @subpackage Templates
*/

// Do not allow directly accessing this file.

if ( ! defined( 'ABSPATH' ) ) {
exit( 'Direct script access denied.' );
}
?>

<!DOCTYPE html>
<html <?php language_attributes(); ?> class="no-js no-svg">

<head>
<meta charset="<?php bloginfo( 'charset' ); ?>">
<meta name="viewport" content="width=device-width, initial-scale=1">
<link rel="profile" href="https://gmpg.org/xfn/11">
<?php wp_head(); ?>
</head>
```

```
<body <?php body_class(); ?>>

<div class="blank-page-section1">
<?php while ( have_posts() ) : the_post(); ?>
<?php the_content(); ?>
<?php endwhile; ?>
</div>

<div class="content-separator"></div>

<?php get_footer(); ?>
```

Screenshot.png

Quando seu tema já estiver finalizado, faça um screenshot da home page de tamanho 1200x900 pixels e salve dentro da pasta principal. Essa imagem será exibida na área de temas dentro do WP. Este arquivo é obrigatório caso você pretenda fazer o upload do tema para o diretório do WP.

CAPÍTULO 3

Template Part

Você já foi ensinado que é possível reutilizar um pedaço de código em mais de um arquivo sem a necessidade de copiar e colar o código diversas vezes. Por exemplo, o tema Valhalla possui dois headers e, ao invés de colar o mesmo código do menu nos dois arquivos, nós criamos um template part para o menu e utilizamos a seguinte função para incluí-lo nos dois headers:

```
<?php get_template_part( 'template-parts/header-menu' ); ?>
```

No código acima, template-parts é somente o nome do diretório onde se encontra o arquivo header-menu.php. Observe que não é necessário incluir a extensão php no nome do arquivo.

Segue abaixo o código do header-menu.php:

```
<?php
/*
* Template part for displaying the header menu.
* @package Valhalla
* @subpackage Templates
*/
```

```php
// Do not allow directly accessing this file.

if ( ! defined( 'ABSPATH' ) ) {
exit( 'Direct script access denied.' );
}
?>


<nav id="header-nav-bar" class="navbar navbar-expand-md
navbar-light <?php if (!get_theme_mod( 'valhalla_header_logo_url'))
: echo " no-logo"; endif; ?>">


<a class="navbar-brand" href="<?php echo esc_url( get_site_url() );
?>">
<?php if ( get_theme_mod( 'valhalla_header_logo_url') ) : ?>
<img src="<?php echo esc_url( get_theme_mod(
'valhalla_header_logo_url') ); ?>" alt="<?php echo
esc_attr(get_bloginfo( 'name' )); ?>" class="img-fluid site-logo">
<?php endif; ?>
</a>


<button class="navbar-toggler ml-auto" type="button" data-
toggle="collapse" data-target="#navbar-content" aria-
controls="navbar-content" aria-expanded="false" aria-label="<?php
echo esc_html__( 'Toggle Navigation', 'valhalla' ); ?>">
```

```
<span class="navbar-custom-toggler-icon"><i class="fas fa-bars"></i></span>
</button>

<div class="collapse navbar-collapse justify-content-end" id="navbar-content">
<?php valhalla_bootstrap_nav(); ?>
</div>

</nav>
```

Tornando o Tema Traduzível

No arquivo style.css existe uma linha chamada Text Domain. Este é um argumento que permite a tradução de textos no tema. No nosso caso, o text domain é valhalla. Observe o pedaço de código abaixo:

esc_html__('All Rights Reserved', 'valhalla')

O argumento valhalla vem logo depois do texto e separado por vírgula. Todo texto que você queira traduzir no tema deve ser colocado dentro da função __().

Primeiramente, inclua a linha seguinte no arquivo style.css abaixo do text domain:

Domain Path: /lang

Adicione o código abaixo no arquivo functions substituindo valhalla pelo seu text domain:

```
add_action( 'plugins_loaded', function() {
        load_theme_textdomain( 'valhalla', get_template_directory()
. '/lang' );
});
```

1 - Faça o download do programa Poedit no site poedit.net.

2 - Abra o programa após a instalação, clique em Arquivo > Novo.

3 - Na janela que abrir, digite en_US se você quiser que o idioma base seja o Inglês dos Estados Unidos ou escolha outro da lista.

4 - Clique em OK.

5 - Vá novamente em Arquivo > Salvar como e salve o arquivo dentro da pasta lang do seu tema. Não altere o nome do arquivo.

6 - Clique em Extrair das fontes.

7 - Na janela que abrir, clique no sinal de + e adicione a pasta raiz do seu tema.

8 - Agora vá para a aba Palavras-chave das fontes. Clique no botão + e adicione uma por uma das palavras-chave seguintes:

- __
- _x:1,2c
- _e
- _ex:1,2c
- _n:1,2
- _n_noop:1,2
- _nx:1,2,4c
- _nx_noop:1,2,4c
- esc_attr__
- esc_attr_e
- esc_attr_x:1,2c
- esc_html__
- esc_html_e
- esc_html_x:1,2c

9 - Desmarque a opção "Usar também palavras-chave padrão para idiomas suportados".

10 - Clique em OK.

11 - Salve o arquivo.

Agora seu tema possui um arquivo PO que pode ser usado para traduzir o tema em vários idiomas. Seus clientes podem utilizar o plugin Loco Translate para esta tarefa.

Estilizando os Widgets do WordPress

Temas devem ter ao menos uma área onde seja possível adicionar widgets. O Valhalla possui a barra lateral e o menu do footer. Porém, widgets são adicionados diretamente da área de administração do WP e possuem o estilo padrão da plataforma. É necessário que o desenvolvedor verifique quais classes CSS estão sendo usadas em cada widget através da ferramenta de inspeção dos navegadores e assim faça as devidas alterações na folha de estilo style.css.

Customizações

O WordPress possui um painel onde é possível mudar algumas opções do tema e visualizar as alterações feitas antes de salvá-las. Com o uso de um framework chamado Kirki, eu adicionei uma lista imensa de opções customizáveis ao painel do tema Valhalla. O arquivo que possui essas configurações — customizer.php —, tem quase 5500 linhas de código. Foi um trabalho que demorou alguns dias para ser concluído, pois além do tempo necessário para aprender como a ferramenta funciona, tive que fazer revisões para corrigir diversos erros.

Infelizmente, não é possível que eu explique como utilizar o Kirki, pois isso demandaria diversas páginas e aumentaria o nível de complexidade deste livro. Tudo que você precisa saber para criar um tema já foi explicado anteriormente. O Kirki já é algo mais avançado que necessita que você leia toda a documentação para aprender a usá-lo. No site kirki.org, está disponível uma grande quantidade de tutoriais ensinando a utilizar todas as funcionalidades desta ferramenta. Mas para não deixar você na curiosidade, vamos ver um exemplo a seguir:

```
Kirki::add_panel( 'valhalla_header', array(
  'priority'   => 10,
  'title'      => esc_html__( 'Header', 'valhalla' ),
  'description' => esc_html__( '', 'valhalla' ),
) );
```

No código acima, criamos um painel chamado Header dentro do painel de customizações do WP, onde irá conter as configurações para o header.

Agora criaremos uma seção chamada Site Logo dentro do painel Header, que permitirá alterar o logo do site:

```
Kirki::add_section( 'valhalla_header_logo', array(
  'title'       => esc_html__( 'Site logo', 'valhalla' ),
  'description'  => esc_html__( '', 'valhalla' ),
  'panel'       => 'valhalla_header',
```

```
    'priority'   => 160,
));
```

Dentro da seção Site Logo, adicionaremos um campo para se fazer o upload de uma imagem:

```
Kirki::add_field( 'valhalla_config', [
      'type'      => 'image',
      'settings'   => 'valhalla_header_logo_url',
      'label'     => esc_html__( 'Upload a logo', 'valhalla' ),
      'description' => esc_html__( 'Ideally, an image logo should
have equal dimensions, for example, 200x200.', 'valhalla' ),
      'section'    => 'valhalla_header_logo',
      'default'   => '',
]);
```

É basicamente assim que o Kirki funciona com três níveis de configuração: painel > seção > campo ou controle.

O resultado final é este:

Performance

A velocidade com que as páginas de um tema carregam depende de vários fatores. Os plugins instalados pelo usuário e o servidor de hospedagem são alguns deles, mas nós como desenvolvedores deve-mos fazer nossa parte mantendo o nosso código o mais limpo possí-vel, sem nada que seja desnecessário. Também é importante que todos os scripts que não precisam ser executados antes do código da página, sejam incluídos no footer, garantindo que os elementos vi-suais do site carreguem primeiro.

Theme Check

Theme Check é um plugin utilizado para testar o código de um tema e verificar se todas as regras e recomendações do próprio WP foram seguidas. Isso irá garantir que seu código funcione da melhor maneira possível. Mas tenha em mente que nem todos os alertas emi-tidos por este plugin representam um risco e necessitam ser altera-dos. Na verdade, somente se você pretende enviar o seu tema para o diretório do WordPress que 100% dos alertas precisarão ser corrigi-dos. De qualquer forma, sempre corrija o que for considerado crítico e ameaçar a segurança do tema.

Operadores PHP

Os símbolos na tabela a seguir são chamados de operadores e são muito utilizados quando queremos expressar uma condição para que uma função seja executada.

&&	E
||	Ou
>	Maior que
<	Menor que
==	Igual
===	Significa idêntico, verificando não apenas se os valores são iguais, mas se o tipo de dado também é igual.
!=	Não é igual
!==	Não é idêntico
>=	Maior ou igual
<=	Menor ou igual
!	Não é verdadeiro

Exemplo: se quisermos verificar se os comentários do nosso site estão abertos, utilizamos o código abaixo:

if (comments_open())

Mas se quisermos saber se os comentários não estão abertos, fazemos o seguinte:

if (!comments_open())

Ou seja, utilizamos o ponto de exclamação (!) para negar a veracidade de algo em nosso código.

Regras do WordPress.org

Para que seja possível disponibilizar um tema para download no diretório do WP, uma lista extensa de regras precisa ser seguida. Eu sinceramente não acho que vale a pena tamanho esforço. O tempo que você perderia estudando as tais regras e as aplicando em seu tema, você poderia estar se dedicando a outro projeto. É muito bom desenvolver um projeto sem ter que seguir um manual com várias exigências que não são necessárias para o funcionamento do site.

CAPÍTULO 4

Back-End ou Front-End?

Ao terminar a leitura deste livro, você será capaz de trabalhar com toda a parte visual do WordPress e utilizar PHP para gerar o conteúdo dinâmico do site, portanto, você é um desenvolvedor front-end. Para ser um desenvolvedor back-end, você precisa dominar a linguagem PHP.

Quanto Devo Cobrar para Desenvolver um Tema?

Isso depende da complexidade do projeto. O mais importante é não se vender por pouco e não aceitar propostas que não valorizem as suas habilidades. O montante recebido deve ser o suficiente para cobrir suas horas de trabalho. Alguns clientes irão oferecer R$ 500,00 ou menos para o desenvolvimento de um tema que pode levar 30 dias para ficar pronto. Esse valor não paga nem 15 dias de trabalho. Portanto, fique atento para não ser explorado.

O Que É uma Licença GPL?

O WordPress incentiva que todos os temas desenvolvidos na plataforma sejam licenciados com a GPL. Isso significa que qualquer pessoa que comprar seu tema terá o direito de modificar, distribuir gratuitamente e até vender. Muitos desenvolvedores se sentem desconfortáveis com isso e a solução é o uso de uma licença dividida onde o código PHP e HTML estão sob a GPL, mas imagens, CSS e JavaScript não.

Se Eu Utilizar a Licença GPL, como Vou Ganhar Dinheiro?

O seu tema deve estar disponível para download somente mediante pagamento, independente da licença utilizada. Você também deve agregar valor ao produto oferecendo suporte e atualizações somente para as pessoas que comprarem o tema. É muito difícil um cliente corporativo fazer uso de um produto digital sem garantias de receber atualizações.

APÊNDICE

Valhalla: Manual do Usuário

O tema que foi desenvolvido ao longo deste livro é bastante completo e não poderia estar sem um manual do usuário. Se você está começando com o WordPress e tem dúvidas quanto a administração de temas, no manual que se encontra dentro da pasta "documentation", você tem acesso a todas as instruções necessárias para adicionar páginas, configurar uma página estática, adicionar um menu, etc. São seis tópicos com explicações detalhadas do funcionamento do Valhalla, que com certeza irá o ajudar com as informações que você precisa fornecer a seus clientes.

Links Úteis

Lista de funções do WordPress

https://codex.wordpress.org/Function_Reference

Resolução de problemas

https://codex.wordpress.org/Troubleshooting

Diretrizes de avaliação de temas

https://developer.wordpress.org/themes/release/theme-review-guidelines/

Manual do PHP

https://www.php.net/manual/en/

Senha: **38524**

Se você encontrar qualquer dificuldade para baixar ou extrair o arquivo ZIP, envie um e-mail para contato@virgopublishers.com que solucionaremos.

www.ingramcontent.com/pod-product-compliance
Lightning Source LLC
Chambersburg PA
CBHW070849070326
40690CB00009B/1766